Los colores de la montaña

De Carlos César Arbeláez

NIVEL 2

Directora de la colección: Jacquie Bloese
Adaptación en español: Noemí Cámara
Edición en español: Cecilia Bembibre
Diseño: Lucila Bembibre
Maquetación de cubierta: Edinumen
Edición gráfica: Katie Nesling
Créditos:
Las imágenes de cubierta e interior son gentileza de El Bus
Producciones.
Páginas 4 y 5: El Bus Producciones; O. Gergard/Alamy.
Páginas 56 y 57: Andrey PS, L. Louhan/Istockphoto; L. Acosta,
AFP/Getty; De Agostini/Superstock; F. Builes/Reuters; Volina/
Shutterstock.

Publicado por Scholastic Ltd para Edinumen.

Mary Glasgow Magazines (Scholastic Ltd.)
Euston House
24 Eversholt Street
London
NW1 1DB

Impreso en Singapur.

CONTENIDOS

Páginas

Los colores

Manuel

Es un niño de nueve años. Vive en una pequeña aldea de Antioquia, en el noroeste de Colombia. A Manuel le gusta jugar al fútbol y pintar en su cuaderno. Sus mejores amigos son Julián y Poca Luz.

Julián

Es el mejor amigo de Manuel. Tiene un hermano mayor. A Julián le gusta jugar al fútbol con sus amigos. Julián tiene un papá muy estricto.

Poca Luz

Poca Luz es amigo de Manuel y Julián. Tiene una hermana. Poca Luz y su hermana son albinos y muchos niños de la aldea se ríen de ellos. Pero sus amigos Manuel y Julián los defienden. Poca Luz lleva gafas. Aún así, no ve muy bien.

de la montaña

Ernesto

Es el papá de Manuel. Es un hombre fuerte y trabajador. Trabaja en el campo y con los animales. No le gustan la política, los conflictos ni los guerrilleros.

Miriam

Es la mamá de Manuel. Quiere a su familia pero tiene miedo de los guerrilleros y quiere irse de la aldea. Por eso, a veces, discute con su marido.

Carmen

Es la profesora. Es una chica joven y positiva. Quiere ayudar a los niños y por eso se va a vivir a la aldea. Pero su vida allí no es fácil.

Lugares

Antioquia

Es uno de los 32 departamentos de Colombia. Está en el noroeste del país. Su capital es la ciudad de Medellín. En esta región hay muchas montañas y en ellas hay muchas aldeas.

La aldea

Es un pueblo pequeño y aislado. Allí viven los protagonistas. Es un lugar húmedo, rural y muy bonito. Pero la vida allí no es fácil: hay un conflicto armado y muchos guerrilleros. Los habitantes deben decidir si quedarse o irse.

Los colores de la montaña

Introducción: Manuel y sus amigos

Manuel salió de su casa y corrió por el camino de piedras
y barro. Llevaba un balón debajo del brazo: era un balón
de fútbol. A Manuel le gustaba mucho jugar al fútbol.
Manuel corría montaña abajo, hacia el valle. Era un paisaje
verde, lleno de hierba y árboles. No hacía mucho frío pero
estaba nublado. Manuel corría y corría por la montaña.
Llegó hasta una casa vieja y rústica. Era la casa de su
amigo Julián.

—¡Julián! ¡Julián! —gritó Manuel.

Al lado de la puerta había un caballo. Estaba tranquilo. Manuel lo tocó.

—¡Julián! ¡Julián! —gritó de nuevo Manuel.

Manuel llamó a la puerta.

Una niña de unos doce años la abrió.

—¿Qué quieres? —dijo la niña.

—Busco a Julián —respondió Manuel.

Manuel escondió el balón de fútbol detrás de sí.

—Julián no puede salir ahora. Debe hacer sus tareas —dijo la niña.

La niña era la hermana de Julián.

Julián salió de la casa y cuidadosamente empujó a su hermana hacia un lado.

—¡No puedes jugar ahora, Julián, debes hacer las tareas primero! —gritó la hermana mientras los dos niños corrían hacia la montaña.

—¡Julián, Julián, ven aquí! —gritó la niña.

Los niños corrieron hasta un campo de fútbol. No era un campo de fútbol profesional. Era solo un espacio grande de hierba con dos arcos, uno a cada lado del campo. Pero no importaba. A los niños les gustaba mucho jugar a fútbol e iban allí cada día.

En el campo había un grupo de ocho niños, eran los amigos de Manuel y Julián. Los niños jugaban al fútbol. Manuel y Julián empezaron a jugar con ellos.

Al cabo de un rato, Poca Luz, uno de los niños, dejó de jugar y se sentó en una piedra, a unos metros del campo.

—¿Por qué se fue Poca Luz? —preguntó Manuel.

Poca Luz no podía respirar bien. No era un niño muy sano. Estaba cansado. Llevaba gafas porque, como muchos niños albinos, no veía bien. Ni siquiera con gafas veía muy bien. Poca Luz también llevaba una camiseta de un equipo de fútbol muy famoso.

Dos niños se acercaron a Poca Luz.

—¿Qué haces, Poca Luz? —preguntó el niño más grande. —¿Me vas a dejar esa camiseta?

—¿Y yo con qué juego? —preguntó Poca Luz.

—Usted* no está jugando, Poca Luz —respondió el niño más pequeño. —Él se la cuida.

Los dos niños se giraron para ver el partido de fútbol.

Todos los niños llevaban camisetas de equipos distintos. Y todos tenían números distintos en las camisetas. Manuel llevaba una camiseta naranja. Julián llevaba una camiseta blanca y azul. Todos los niños tenían barro en las piernas.

—Yo he oído por ahí decir que los albinos no viven mucho tiempo —dijo el niño más grande.

—¡Mentiroso! — gritó Poca Luz.

* En varias regiones de Colombia, se utiliza la forma *usted* (habitualmente reservado para situaciones formales o como indicador de respeto) en situaciones informales, y aún entre niños.

—¿Usted ha visto algún albino viejo? —preguntó el niño más pequeño.

—¡Voy a morir, voy a morir! —dijo Poca Luz, llorando.

Los otros niños seguían jugando al fútbol. Contaban pasos sobre el campo.

—¡Uno, dos, tres, cuatro, cinco, seis, siete, ocho!

—Es aquí, es aquí —dijo el niño con el número 14 en la camiseta.

—No lo es —dijo el niño con el número 3 mientras lo empujaba. Luego caminó hacia el arco.

—¡Tranquilo, tranquilo! —dijo un poco enfadado.

Los niños se preparon para marcar un penalti.

Manuel estaba en la portería, listo para el penalti. Estaba nervioso.

El niño con el número 3 pateó el balón para marcar un gol. Pero Manuel paró el balón.

Los niños del equipo de Manuel saltaron y gritaron de alegría.

—¡Bieeeeeen! ¡Bieeeeeen!

Manuel agarró el balón y lo pateó hacia el arco del equipo contrario. Marcó un gol.

—¡Bieeeeeen! ¡Bieeeeeen! —gritaron los niños mientras corrían tras el balón.

Otros niños no estaban contentos. Eran los niños del equipo contrario.

—¡Voy a morir, voy a morir! —dijo Poca Luz, aún llorando.

Julián y Manuel corrieron hacia Poca Luz.

Julián empujó al niño más grande que estaba al lado de Poca Luz.

—¿Qué le pasa a Poca Luz? ¿Por qué llora? —preguntó Manuel.

—Llora porque es un tonto —respondió el niño más grande.

—¡Envidioso! Es porque usted no tiene lo que él tiene —respondió Manuel enfadado.

El niño más grande y el más pequeño se fueron hacia otro lado. «Bah, dicen tonterías», pensaron.

Manuel y Julián tomaron por el hombro a Poca Luz y se lo llevaron hacia otra parte.

—No es cierto que los albinos mueren jóvenes —dijo Julián.

—Véngase a jugar con nosotros —dijo Manuel.

Poca Luz caminó con ellos, un poco más tranquilo.

* * *

Julián estaba escondido en los árboles mientras Manuel lo esperaba en el camino. Un hombre a caballo pasó por el camino.

—¡Juli, ya, ya, Juli! —dijo Manuel.

—¿Ya pasó? —preguntó Julián.

—Sí, ya pasó —respondió Manuel.

—¡Ay, ay, ay! —dijo Julián preocupado.

Julián salió de los árboles y dijo: —¿Sabe qué? Nos vemos. Nos vemos mañana. Me voy a casa. Julián se fue corriendo.

—¡Juli! —gritó Manuel. Luego oyó un ruido y se giró. Una camioneta se acercó a él. Luego, se paró.

—¡Gracias! —dijo una chica mientras bajaba de la camioneta.

La chica era joven. Llevaba unos tejanos y una blusa blanca. Tomó una mochila de la parte de atrás de la camioneta y se la puso en los hombros.

Manuel la miró. Todavía llevaba el balón debajo del brazo.

La chica tomó otra bolsa y comenzó a andar camino arriba. Manuel la siguió, unos pasos atrás.

Capítulo 1: Carmen llega a la aldea

La chica llegó al final del camino. Estaba un poco cansada porque el camino era largo y estaba lleno de piedras. Llegó a un edificio viejo y grande. Era una escuela. Era la escuela de la aldea. En la entrada de la escuela había una mujer que limpiaba el suelo.

—Buenas —dijo la chica.

—Buenos días —respondió la señora—. ¿Es usted la nueva profesora?

—Sí, mucho gusto. Me llamo Carmen —dijo la profesora.

—Me llamo Luisa —dijo la señora que limpiaba.

Manuel estaba escondido a un lado del edificio. Las espiaba.

—¿Cómo le fue en el viaje? —preguntó Luisa.

—Ah, muy bien, gracias. Estoy un poco cansada —respondió Carmen.

—Los niños van a estar muy contentos. La estábamos esperando —dijo Luisa—. Venga por aquí. Le voy a mostrar el dormitorio. Ya lo organicé. Por aquí, profe.

Carmen caminó tras Luisa.

—¿Este es mi dormitorio? —preguntó Carmen.

—Sí, espero que le guste —respondió Luisa.

Manuel seguía fuera de la escuela, escondido. En la pared del edificio había unas letras muy grandes: ESCUELA RURAL LA PRADERA. Debajo del nombre había más letras, también muy grandes y pintadas a mano: EL PUEBLO CON LAS ARMAS, VENCER O MORIR.

Capítulo 2: Los hombres armados

Un hombre caminaba y tiraba de una vaca. Llevaba un gran sombrero y un poncho grueso, típicos de la zona. El hombre era el papá de Manuel.

—¡Manuel, el balde! —gritó el hombre.

Manuel salió corriendo de su casa, con un balde entre las manos. Era una casita pequeña y sencilla, blanca y de estilo rural.

—Aquí tiene pa, lo pongo en el suelo —dijo Manuel.

—Ah, gracias —dijo el papá—. A ver, Manuel. Ponga aquí la vaca.

Manuel lo ayudó.

—¡Pa! — dijo Manuel—. Creo que la profesora ya llegó.

—¿Ah, sí? ¿Y usted cómo lo supo? —preguntó el papá.

—Porque yo la vi. Llegó con la camioneta —dijo Manuel.

—Ah, entonces voy a necesitar ayuda. Usted debe volver a la escuela. No debe trabajar más con los animales —dijo el papá.

El papá sacó leche de la vaca. La leche cayó en el balde.

Manuel caminó hacia otra vaca. Era una vaca blanca, más joven.

—¡Pa! —gritó Manuel.

—¿Qué? —preguntó el papá.

—¿Le puedo poner nombre? —preguntó Manuel—. Le voy a poner Paloma.

—Mira, Manuel —dijo el papá—. No debes querer a los animales que vamos a comer.

De repente, unos hombres bajaron por la montaña hacia la casa.

El papá de Manuel los vio. Tenía miedo de ellos.

—Venga para acá, Manuel —dijo—. Escóndase aquí.

El papá de Manuel lo agarró rápidamente y los dos se escondieron detrás de las vacas.

—¿Qué pasó? —preguntó Manuel.

—Nada… ¡cállese! —respondió el papá.

Los hombres atravesaron el río que había delante de la casa de Manuel y su familia. También llevaban los sombreros grandes y los ponchos tradicionales de la aldea. Pero ellos llevaban armas. Caminaron hacia la casa.

—Hola, Doña Miriam —dijo uno de ellos—. ¿Cómo está?

Miriam era la mamá de Manuel. Estaba limpiando en la entrada de la casa.

—Bien, ¿y usted? —dijo la mujer.

—¿Dónde está su marido, Ernesto? —preguntó uno de los hombres.

—¿Ernesto? Él… él… Ernesto está en el pueblo —dijo la mujer, nerviosa.

El papá y el niño seguían escondidos y observaban a los hombres.

—Hemos tenido varias reuniones y no ha ido —dijo el hombre—. ¿O se está escondiendo?

—No, eso no, señor. Él está interesado en ustedes —respondió la mujer.

—Dígale que el domingo tenemos otra reunión y que debe ir —dijo el hombre.

—Sí, sí, claro. Ya se lo diré —respondió la mujer, aún nerviosa.

* * *

Al día siguiente los niños jugaban en el patio, enfrente de la escuela. Carmen, la nueva profesora, caminó hacia ellos y tocó una campana.

—En filas, por favor —dijo en voz alta.

Los niños se pusieron en filas, uno detrás de otro. Todos tenían mochilas.

—¡Buenos días! —dijo Carmen.

—¡Buenos días, profesora! —dijeron los niños.

—Yo me llamo Carmen. Estoy muy contenta de estar aquí con ustedes. Espero que tengamos una buena relación y que les guste estudiar —dijo Carmen.

—¡Sí, profesora! —gritaron los niños a la vez.

—Y hagan las tareas, ¿bueno? —dijo Carmen contenta.

—¡Bueno, profesora! —repitieron los niños.

—Han perdido mucho tiempo esperando a la nueva profe, entonces tenemos que empezar de una vez —dijo Carmen.

Los niños entraron en la clase y se sentaron.

Poca Luz y su hermana se sentaron en la primera fila. Ella también era albina.

A su lado había una niña.

—¿Cómo te llamas? —preguntó Carmen.

—Laura —dijo la niña.

—Muy bien. Lee los nombres de la lista, por favor.

La niña lo hizo: —Aristizábal, Elisa.

—¡Presente! —dijo la hermana de Poca Luz.

—Aristizábal, Genaro.

—¡Presente! —dijo Poca Luz.

Laura siguió leyendo. Todos los niños estaban en clase.

A Manuel le gustaba mucho dibujar. En su cuaderno dibujaba montañas y animales.

—Ahora es la clase de Matemáticas —dijo Carmen—, Manuel, ahora no es la hora de dibujar. Haga números como el resto de la clase.

—Sí, profesora —respondió Manuel.

* * *

Al final de la clase los niños caminaban hacia sus casas. Manuel y Julián caminaban juntos. Manuel vio que Julián llevaba unos zapatos muy grandes.

—¿De quién son esos zapatos? —preguntó Manuel.

—Son de mi hermano, me los dio antes de irse —respondió Julián.

—¿Adónde se fue? —preguntó Manuel.

—En casa dicen que se fue a la costa, a trabajar —dijo Julián en voz baja—, pero yo creo que se fue a la montaña.

—¿A la guerrilla? —preguntó Manuel, sorprendido.

—¡Shshshshsh! ¡Cállese! —dijo Julián con la mano hacia la boca de su amigo.

—¡Bueno! ¡Bueno! —dijo Manuel. Luego los niños corrieron hacia la montaña. Otros niños salieron de la clase y corrieron tras ellos.

Los niños iban al campo de fútbol pero, antes de llegar, vieron a los hombres con sombreros y ponchos, y se escondieron tras unas piedras.

—¡Vámonos! ¡Vámonos! No podemos estar aquí —dijeron los niños.

—Podemos jugar aquí, al lado de las piedras, en silencio —dijo Manuel.

Los niños se pasaron el balón con los pies, en silencio.

Al cabo de unos minutos, los hombres se fueron del campo de fútbol. Los niños corrieron hacia él.

Capítulo 3: Problemas en la aldea

Manuel y su papá viajaban al pueblo en la camioneta pública. Hoy era día de mercado. El papá estaba preocupado. Pero Manuel estaba contento. A él le gustaba ir al pueblo con su papá. La camioneta viajaba por caminos de piedras, entre las montañas.

En el pueblo había mucha gente: familias, mujeres que hacían la compra, hombres con bolsas grandes en la espalda, y militares. Muchos militares.

El papá y su hijo fueron al mercado y vendieron un cerdito a una señora. Luego fueron a la iglesia. Allí rezaron. Pero uno de los hombres con armas entró en la iglesia.

—Vámonos, Manuel —dijo el papá cuando lo vio.

Manuel y su papá se sentaron a la mesa de un bar del pueblo. Pidieron refrescos.

Pero en el pueblo había muchos hombres con armas.

El papá no estaba feliz. Estaba nervioso. Se quería ir del bar. Se quería ir del pueblo. No quería estar a la vista.

—Vámonos del pueblo, Manuel. Vámonos ya —dijo.

Los dos volvieron a la aldea, en la camioneta.

* * *

Por la noche, la familia estaba cenando. Estaban los cuatro juntos, sentados a la mesa: la mamá, el papá, Manuel y su hermanito pequeño. Era una ocasión especial: era el cumpleaños de Manuel.

La mamá de Manuel fue a la cocina y trajo un pastel de cumpleaños. Era de chocolate. El pastel tenía nueve velas.

—¡Uno! ¡Dos! ¡Tres! ¡Cuatro! ¡Cinco! ¡Seis! ¡Siete! ¡Ocho! ¡Nueve! —contaron los mayores.

—Ahora cierre los ojos, Manuel… y pida un deseo —dijo la mamá.

Manuel lo hizo.

El papá dijo: —Creo que es un buen deseo. Luego sacó un paquete de una bolsa y se lo dio a Manuel.

—¡Feliz cumpleaños! —dijo la mamá.

—¡Gracias! —dijo Manuel. El regalo era un balón y unos guantes de fútbol nuevos.

Más tarde, Manuel y su hermano se acostaron.

Los mayores hablaban en el comedor.

—Vi a los hombres en el pueblo —le dijo Ernesto a su mujer.

—¿Qué le dijeron? —preguntó ella.

—Ellos no me vieron —respondió él.

—Usted debe ir a las reuniones —dijo ella.

—Yo no quiero ir a esas reuniones —dijo Ernesto.

—Usted no quiere vivir lo mismo que vivió su papá —respondió ella.

—¿Por qué no se calla? — dijo él, enfadado—. No soy un

cobarde. Los cobardes venden su casa y se van. Nosotros nos quedamos aquí.

—Las personas que no están con ellos, están en contra de ellos —respondió ella, enfadada.

—¡Cállese! — dijo él, aún más enfadado.

* * *

Al día siguiente, los niños estaban en la clase. Elisa, la hermana de Poca Luz, leía la lista de los nombres de sus compañeros.

—Valencia, Edison —leyó Elisa.

—¡Presente! —dijo Edison.

—Zapata, María Cecilia —dijo Elisa de nuevo.

Cecilia no estaba en su mesa. Los niños se giraron hacia ella, pero no la vieron. La niña no estaba.

—Zapata, María Cecilia —dijo la profesora.

—Ella se fue, profe —dijo Laura, otra de las niñas.

—¿Cómo lo sabe? —preguntó la profesora.

—Fui a buscarla para venir a la escuela. Pero su familia se fue. La casa estaba vacía —respondió Laura.

—Me pasas la lista, por favor —le dijo la profesora a Elisa.

Carmen tomó la lista y buscó el nombre de la niña. Luego marcó el nombre con una línea.

* * *

Mientras, en uno de los caminos de la aldea, Miriam, la mamá de Manuel, vio a un grupo de personas. Caminaban deprisa y llevaban mochilas y bolsas en los hombros, y entre las manos.

—¿Adónde van tan rápido? —preguntó Miriam.

—Nos vamos. No podemos vivir aquí —respondió una de las señoras del grupo—. Esta mañana vinieron unos hombres y mataron a tres muchachos. Mataron a los hermanos González. Ellos colaboraban con la guerrilla. No podemos vivir aquí. Nos vamos.

La mamá de Manuel corrió hacia su casa.

—¡Ernesto! ¡Ernesto! —gritó.

Ernesto estaba fuera, dando comida a los cerdos.

—¿Qué pasó? —preguntó él.

—Los hombres mataron a los hermanos González —respondió ella.

—Por eso no voy a esas reuniones —dijo él.

—Está bien, Ernesto pero… ¡vámonos! —dijo ella.

—¿Adónde? ¿Qué vamos a hacer? —preguntó él.

—No lo sé. Pero usted es trabajador. Yo sé hacer ropa. Todo irá bien —respondió ella.

—Esta es nuestra casa. ¡Esta es la casa de nuestros hijos! No tenemos por qué irnos. ¡Yo no me voy de aquí! —dijo él.

Capítulo 4: El balón de Manuel, en peligro

Manuel y sus amigos jugaban cerca del campo de fútbol. Había diez niños: Manuel, Julián, Poca Luz y el resto de niños de la aldea. Manuel estaba feliz por mostrar sus guantes y balón de fútbol nuevos.

—Esto no es un balón como el otro —dijo Poca Luz.

—No, este es un balón como los de la televisión —dijo Manuel.

Los niños se pasaron el balón en un círculo.

Pero Julián pateó el balón y este se fue hacia el valle. Los niños corrieron tras él.

Cerca había un hombre del campo. Intentaba dominar a un cerdo muy grande. El cerdo gritaba.

—¡Pare, pare! —dijo el hombre.

Los niños corrieron hacia el hombre para ayudarlo.

—¡Mi balón, mi balón! —dijo Manuel—. ¡Ayúdenme a encontrar mi balón! ¡Se fue para allí!

Pero los niños no lo ayudaron, estaban ayudando a agarrar el cerdo.

Pero el cerdo se escapó y corrió hacia donde estaba el balón de Manuel.

De repente, el cerdo explotó.

Hubo un silencio. Los niños no dijeron nada.

El cerdo había pisado una mina.

* * *

Más tarde, Ernesto y dos hombres fueron a buscar el cerdo. Todavía lo podían usar para la carne. Usaron una cuerda larga e hicieron fuerza para tirar de la cuerda.

Los niños estaban allí, con Carmen.

Todos observaban a los hombres.

El balón de Manuel seguía allí. Manuel estaba triste. «Me gustaría recuperar el balón pero… ¿Cómo puedo hacerlo?», pensó.

—Debemos poner una señal para alertar del peligro —dijo la profesora.

—Sí, tiene usted razón —dijo Ernesto.

Los niños miraron al papá de Manuel.

—Ya no van a jugar aquí, cerca del campo de fútbol —dijo.

—Está bien —dijeron los niños.

—¿Y mi balón? —preguntó Manuel.

—Le compraré otro balón. Diga gracias: explotó el cerdo, y no uno de ustedes —dijo el papá.

—Pero… —dijo Manuel.

—¡Nada más! ¿Lo entendió? —dijo el papá.

* * *

Manuel fue a buscar a su amigo Julián a su casa. Quería ir a jugar con él. Pero el papá de Julián era muy estricto y le dijo que ese día no podía ir a jugar: debía ir al río y limpiar el caballo.

Manuel y Julián fueron al río. Mientras Julián limpiaba el caballo, los niños hablaban de cómo rescatar el balón.

—Mi hermano lo podría rescatar —dijo Julián—. A él le enseñan cómo desactivar minas.

—¿Por qué no viene él, entonces? —preguntó Manuel.

—Él no puede venir porque está muy lejos —respondió Julián.

—¿Y su hermano por qué se fue? ¿Estaba aburrido? —preguntó Manuel.

—No, se fue porque quería ver la costa —dijo Julián.

Los niños tomaron el caballo de nuevo y se marcharon camino arriba. Llegaron a una casita blanca, muy pequeña. La casita estaba abandonada.

—Venga aquí, Manuel. Le voy a mostrar algo —dijo Julián mientras ponía el caballo al lado de la casa.

Los niños caminaron hasta el pórtico de la casa. Allí, en un agujero en la pared, había balas de muchos tipos y de todos los tamaños. Los niños se sentaron y las observaron

detenidamente. Eran de distintas armas. Julián se las había encontrado en la montaña y las coleccionaba y guardaba en el agujero de la casa.

—Esta bala es como la que usa mi hermano —dijo Julián—. Poca Luz encontró una muy similar en el campo de fútbol.

—¡Es grande! —dijo Manuel tomando la bala con la mano.

Julián tomó una bala aún más grande.

—Y esta otra es con la que tiran a los helicópteros —dijo Julián.

Los niños guardaron las balas en el agujero, con cuidado, y se fueron de la casa.

—Vamos a rescatar el balón —dijo Manuel.

—No, yo no puedo ir para allá —dijo Julián. Si mi papá lo sabe, me pega.

—¿Y cómo lo va a saber? —preguntó Manuel.

—Él trabaja mucho por ahí… me puede ver —respondió Julián.

—Julián, venga, vamos con Poca Luz —dijo Manuel.

Capítulo 5: «¡Debemos rescatar el balón!»

Manuel y Julián estaban en el campo, delante de una casa grande y colorida. Tenían un palo largo, estaban robando mandarinas de un árbol.

Un hombre salió al balcón de la casa.

—¡Fuera, me están robando la fruta! —gritó el hombre.

Julián no paró. Siguió tomando mandarinas con el palo.

—Solo estamos tomando las que están en el suelo —dijo Manuel.

—¡Márchense o les envío al perro! —dijo el hombre.

Luego el hombre le dijo a su perro: —¡Corre hacia los niños!

Julián y Manuel corrieron camino abajo.

Por el camino se encontraron a Poca Luz. Tenía una bicicleta muy bonita.

—Le cambio una mandarina por la bicicleta —dijo Julián.

—¡No! ¡Déjeme! No quiero su mandarina. Ustedes ya perdieron el balón. Ahora quieren perder mi bicicleta. Sin el balón no podemos jugar al fútbol —dijo Poca Luz.

—¡Debemos rescatar el balón! —dijo Manuel—. Julián ya dijo que sí.

Manuel tomó a Poca Luz por el hombro.

—Ahora lo necesitamos a usted, Poca Luz —dijo Manuel.

—No le dé miedo —dijo Julián.

—Yo no sé… ese cerdo explotó —dijo Poca Luz con miedo.

—Si lo rescatamos, le doy a Julián el balón durante dos días. Luego se lo doy a usted otros dos días —dijo Manuel.

Manuel, Julián y Poca Luz llegaron al campo de fútbol. Todavía llevaban el palo de robar mandarinas.

—Se lo dije: es un palo muy corto —dijo Manuel.

Julián intentó llegar al balón con el palo.

—No, mire, ya verá, se hace así —dijo Julián.

Pero Manuel tenía razón: el palo era muy corto. No llegaba hasta donde estaba el balón.

—¿Y por qué no usamos su bicicleta? —dijo Manuel a Poca Luz.

—¡Uy, no! Ustedes son unos listos —respondió rápidamente Poca Luz.

—Tengo una idea —dijo Julián.

Julián tomó tres palitos del suelo y se los puso en la mano. Luego cerró la mano. De ella salían los extremos de los palitos.

—Tomen uno —les dijo Julián a sus amigos.

Poca Luz tomó uno. Era bastante largo.

Manuel tomó otro.

—¡Mi palito es el mejor! —dijo Poca Luz.

Los niños se mostraron los palitos. Julián y Manuel se rieron.

—¡No es el mejor, Poca Luz, es el peor! —dijo Julián entre más risas.

Poca Luz miró su palito.

—¡Qué curioso que siempre pierdo! ¡Ustedes mienten! —dijo, enfadado—. ¡Yo no voy!

—Ah, bueno, entonces usted no podrá jugar al fútbol con nosotros —dijeron Manuel y Julián.

Poca Luz pensó durante unos minutos.

—Bueno —dijo—. Voy con ustedes.

Los niños caminaron hacia donde estaba el balón. Saltaron por encima de unas rocas. Era un terreno muy verde. Los niños se acercaron al balón, caminando por encima de las grandes piedras, con mucho cuidado. Llegaron a una roca muy alta. Estaba debajo de un árbol, justo al lado del balón. Ahora el balón estaba muy cerca.

Julián le dio el palo a Poca Luz y le ayudó a saltar a otra piedra más pequeña. Esta estaba aún más cerca del balón.

—Poca Luz, extienda el palo desde ahí —dijo Julián.

Poca Luz extendió el palo hacia el balón. Pero como no veía muy bien, no sabía hacia dónde mover el palo.

—¡Así, hacia la derecha! —dijo Julián.

—¡Usted puede, Poca Luz! —dijo Manuel.

Poca Luz movía el palo, pero no podía acercarlo al balón.

—Yo no puedo —dijo—. Hágalo usted, Manuel.

—¡Yo tampoco puedo! —respondió Manuel.

La profesora llegó cerca de donde estaban los niños. Estaba sobre un caballo.

—Niños, ¿qué hacen ahí? ¡Salgan de ahí! —gritó—. ¡No pueden estar ahí! ¡Salgan!

Los niños miraron el balón, algo tristes.

—¡Rápido! —dijo de nuevo la profesora, algo enfadada.

—Bueno, ¡ya va! —dijeron los niños.

Capítulo 6: Las cosas no van bien

Manuel caminaba hacia la escuela y oyó una voz que lo llamaba desde un lado del camino.

—¡Manuel, Manuel! ¡Venga! —dijo Julián—. Hoy no hay clase.

—¡Oh, no! ¿Qué pasó? —preguntó Manuel.

—No lo sé. La profesora se fue a la ciudad. Debemos volver el lunes para ver si hay clase —respondió Julián.

—¿Por qué no vamos a jugar con Poca Luz? —dijo Manuel.

—¿Por qué quiere ir a jugar con Poca Luz? —preguntó Julián.

—¡Por el balón! —dijo Manuel—. Podemos ir a rescatar el balón.

—No sé… —dijo Julián.

—Vamos… mi mamá cree que estamos estudiando. Tenemos tiempo de buscar a Poca Luz y rescatar el balón —dijo Manuel.

Los niños caminaron hacia la casa de Poca Luz. Subieron por una montaña y llegaron a un edificio rústico y un poco viejo. Cruzaron un patio y vieron a un grupo de mayores. Estaban hablando de algo serio.

Los niños se escondieron y caminaron un poco más. Llegaron a la parte de atrás de la casa, donde Poca Luz y su hermana estaban jugando. Los hermanos tenían dulces y los compartieron con Manuel y Julián. Julián tomó dos dulces.

—¡Julián, qué listo! —dijo Poca Luz.

—¿Qué pasó? —preguntó Manuel.

—¡Julián tomó dos dulces! —dijo Poca Luz.

—Bueno, no pasa nada —respondió Manuel.

Los niños corrieron hacia la entrada de la casa.

—¡Usted, no! —le dijo Poca Luz a su hermana.

—Esto es para hombres —dijo Manuel.

—Váyase a la casa a jugar con las muñecas —dijo Julián.

La niña se fue hacia el interior de la casa.

Los tres niños se fueron hacia el jardín.

—¡Vamos a rescatar el balón! —dijo Manuel.

* * *

Manuel y su papá caminaban por un camino entre montañas. Era un camino con muchas piedras. Era un terreno difícil. Caminaban lentamente, poco a poco. El papá llevaba un balde en las manos.

De repente apareció una moto con dos hombres. Eran dos hombres con poncho. Dos de los hombres armados.

—Camine más —dijo Ernesto a su hijo—. Yo enseguida estoy con usted. Voy a hablar con estos hombres.

Manuel no se paró. Siguió por el camino.

—¿Qué pasó que no se presentó a las reuniones? —dijo uno de los hombres.

—Yo le mandé una razón a usted y… —dijo Ernesto.

—¿O es que se está escondiendo? —dijo el mismo hombre.

—Yo no tengo por qué esconderme de nadie —dijo Ernesto.

—El próximo domingo hay otra reunión —respondió el hombre.

—Allí estaré —dijo Ernesto.

—¡Colabore, don Ernesto, colabore! —dijo el otro hombre.

Los hombres se marcharon y Ernesto siguió andando por el camino. Manuel lo esperaba a un lado.

—Vamos, Manuel, vamos —dijo el papá.

Los dos siguieron camino arriba.

* * *

Era de noche. Manuel hablaba con su mamá mientras esta hacía unos muñecos de lana.

—¿Quiénes son estos muñecos? —preguntó Manuel.

—Este es usted —dijo la mamá.

—¿Tan pequeño? —dijo Manuel.

—¡Ah, es que usted es muy grande! —dijo la mamá, entre risas.

—¿Y este otro muñeco? —preguntó Manuel tomando uno de los muñecos. Ese era muy rubio.

—¡Ah, ese es Poca Luz! —dijo la mamá.

Manuel y su mamá se rieron.

Manuel se giró hacia el comedor. Por la ventana podía ver a su papá y a otros hombres de la aldea. Estaban hablando de cosas serias.

—Los hombres de la aldea no podemos ir a esas reuniones —dijo Ernesto—. Si vamos a esas reuniones, vamos a tener problemas.

—Cuando esos hombres llegan a una comunidad, automáticamente invitan a todo el mundo. —dijo la mamá.

—Sí, pero debemos decir a esos hombres que nosotros no tenemos nada que ver con sus problemas —respondió Ernesto.

—Mañana domingo es la reunión. Quizá es la oportunidad de dialogar —dijo otro de los hombres.

Manuel escuchaba la conversación a través de la ventana.

—Necesitamos gente. Necesitamos ayuda —dijo Ernesto en voz alta.

La mamá de Manuel seguía haciendo los muñecos.

—Cierre la ventana, Manuel —dijo ella.

—Sí señora —respondió Manuel.

Manuel cerró la ventana. Ahora no podía oír la conversación de Ernesto y los hombres.

* * *

Al día siguiente, Ernesto y su mujer estaban en la cocina. Tomaban el desayuno, una tortas típicas de la zona y café.

—Hoy es domingo —dijo Miriam.

—Sí. Lo sé —respondió Ernesto.

Ernesto tomó su sombrero y salió de la casa.

Mientras, Manuel, Julián, Poca Luz y dos niños más de la aldea corrieron hacia la escuela. Oyeron las voces de unos hombres. Eran los hombres con poncho. No tenían armas. Estaban hablando en el patio de la escuela. Llegaron dos hombres más.

—Ay, ay, ay… —dijo Manuel, preocupado al ver a los

hombres. Tomó un balón de fútbol de la bolsa y dijo:

—Vamos a jugar con este balón.

Los niños formaron un círculo y se pasaron el balón. Pero el balón no era bueno. Casi no podían jugar con él. Al cabo de un rato Manuel, Julián y Poca Luz dijeron:

—Nosotros nos vamos.

—¿Adónde se van? —preguntaron los otros dos niños.

Pero sus amigos ya caminaban hacia arriba de la montaña.

Al llegar arriba, bajaron por un valle. Allí, Manuel y Julián se subieron a un árbol. Poca Luz esperaba debajo del árbol.

Manuel y Julián tenían una cuerda.

—Por aquí, por aquí —dijo Manuel.

—Agarre la cuerda por el otro lado —dijo Julián.

—No es fácil —respondió Manuel.

Con mucho trabajo, ataron la cuerda al árbol por los dos extremos. El centro de la cuerda formaba una curva a modo de asiento.

—Siéntese aquí, Poca Luz —dijo Manuel.

Poca Luz se sentó en el asiento improvisado.

—¡Con cuidado! —le dijo Poca Luz a Manuel.

—Tire de la cuerda un poco más, Manuel —dijo Julián.

Manuel lo hizo y Poca Luz casi llegaba al suelo.

—¡Usted pesa mucho! —le dijo Manuel a Poca Luz.

—¡Bájenme más! Todavía no estoy cerca del balón —indicó Poca Luz.

—Está usted muy cerca, Poca Luz —dijo Manuel—. Estire las manos y los pies. Casi toca el balón con los pies.

Pero Poca Luz no veía bien. Estiraba los pies y las manos, pero no veía dónde estaba el balón.

Además, tenía miedo. «Si me caigo al suelo, la mina puede explotar», pensaba.

—¡Con los pies y las manos, Poca Luz! —gritó Manuel.

Poca Luz lo intentaba, pero sus pies no llegaban al balón.

Manuel y Julián tiraban de la cuerda, pero Poca Luz pesaba mucho.

El árbol se rompió por un lado y Poca Luz se movió de repente. Las gafas del niño se cayeron al suelo.

—¡No veo nada, no veo nada! —gritó Poca Luz, con miedo—. ¡Ayúdenme, ayúdenme! ¡Tengo miedo!

—No se preocupe —dijo Manuel—. Ahora lo ayudamos.

Manuel y Julián estiraron la cuerda pero Poca Luz se cayó al suelo, al lado del balón.

—¡Voy a morir, voy a morir! —gritó Poca Luz.

Poca Luz comenzó a llorar.

—Quédese en ese lugar, Poca Luz —dijo Manuel—. No se mueva.

—¿Estoy muerto? —preguntó Poca Luz.

—Los muertos no hablan, Poca Luz —respondió Julián.

—Agárrese a la cuerda —indicó Manuel.

—Voy a morir, voy a morir, voy a morir, voy a morir —dijo Poca Luz.

Manuel y Julián bajaron la cuerda de nuevo y Poca Luz se sentó en ella.

—Ahora lo subimos —dijo Manuel.

Manuel y Julián tiraron de la cuerda. Poca Luz comenzó a subir hacia el árbol. Seguía llorando.

Capítulo 7: Carmen vuelve a la aldea

Manuel estaba en el camino hacia la escuela y vio la camioneta pública.

La camioneta paró. Carmen, la profesora, bajó de ella. Había estado unos días en la ciudad.

—La hemos extrañado, profesora —dijo Manuel.

Carmen bajó de la camioneta y tomó sus mochilas.

—Ay, gracias —respondió Carmen.

—¿La ayudo con las mochilas, profesora? —preguntó Manuel.

Carmen le dio una de las mochilas a Manuel.

—Mire lo que tengo aquí —dijo Carmen, abriendo la mochila.

En ella había muchos colores y pinturas.

—He pensado que si hacemos un mural en la pared de la escuela, los niños estarán felices.

—La otra profesora también quería hacer un mural —dijo Manuel.

—¿Y qué pasó? —preguntó Carmen.

—Los hombres armados vinieron y ella se fue… o desapareció. No sé… —dijo Manuel, un poco triste.

—Qué pena… —dijo Carmen, también triste.

Por el camino pasaron tres camionetas. En ellas viajaban varios hombres con armas y trajes militares.

Carmen oyó las camionetas y miró hacia atrás. Luego tomó a Manuel por el hombro y le dijo: —No mire hacia atrás, Manuel—. Vámonos para la escuela.

Al llegar a la escuela, el patio estaba sucio. Los suelos estaban llenos de papeles y las sillas estaban fuera de sitio.

—¿Qué pasó aquí? —preguntó Carmen—. ¿Quién estuvo aquí? ¿Vio usted algo mientras yo estaba de viaje?

—Ayer domingo vinieron unos hombres. Estuvieron aquí, hablando —dijo Manuel.

Carmen puso las sillas en su sitio. Miró a su alrededor. No le gustaba nada eso. La escuela era para los niños, no para las reuniones de los hombres con armas y ponchos, o para los militares. Volvió a mirar a su alrededor, pero no vio a nadie. Luego abrió la puerta de su dormitorio y puso las mochilas en la mesa. Abrió una de ellas y sacó una caja de colores. Se la dio a Manuel.

—Para usted, Manuel —dijo—. Estos colores son para usted. Pero no son para dibujar durante las clases, ¿de acuerdo? Son para dibujar en casa.

—¡Ay, muchas gracias! —dijo Manuel—. ¡Adiós!

Manuel estaba muy contento con su regalo. «¡Una caja de colores!», pensó. Luego corrió hacia una de las casas abandonadas que había en la aldea. Ahora había muchas.

Se sentó en la entrada y comenzó a dibujar. Le gustaba mucho dibujar. Ahora podía pintar las montañas con muchos verdes distintos. Y el cielo de color azul. Y los árboles de color verde oscuro y marrón… Manuel estaba muy contento.

Por la noche, Manuel y su mamá estaban en la cocina. La mamá estaba preparando la cena.

—Hágame un favor, Manuel —dijo la mamá—. Vaya al patio y traiga las sábanas. Ahora están limpias y secas.

Manuel tomó una luz y salió al patio.

De repente vio una luz enorme en el cielo y oyó un ruido muy fuerte. Eran unos helicópteros. Manuel tomó la luz y la dirigió hacia el cielo. Había tres helicópteros. Volaban por encima de la casa, con unas luces muy grandes.

—¡Venga aquí, Manuel! —gritó la mamá desde la casa.

El papá salió de la casa muy deprisa y tomó a Manuel en brazos.

—¡Apague la luz, Manuel! —dijo.

Los dos entraron en la casa y cerraron las puertas y las ventanas. La familia se escondió en la cocina. Los helicópteros seguían allí, volando por encima de la casa. Hacían mucho ruido. Manuel tenía miedo. Y los papás de Manuel también. El hermanito de Manuel lloraba.

Al cabo de unos minutos, los helicópteros se fueron.

—Ya pasó —dijo Ernesto—. Vamos a dormir.

Manuel miró al suelo y vio un líquido: era de él. Se había hecho pipí.

Manuel se puso muy triste. Luego se fue a dormir.

* * *

Mientras, la profesora estaba en su dormitorio. Leía un libro en la cama. Oyó unos pasos. Había alguien fuera. Carmen se levantó de la cama y caminó hacia la puerta. Oyó unas voces. Eran unos hombres. Carmen cerró la puerta con llave y apagó la luz. Al cabo de un rato, los hombres se fueron.

Capítulo 8: Todos se van

Manuel y Poca luz caminaban hacia la escuela.

—¿Qué le dijeron en casa cuando dijo que perdió sus gafas? —preguntó Manuel.

—Nada. Les dije a mis papás que corrí mucho, se me cayeron las gafas y… las perdí —respondió Poca Luz.

—¿Le pegaron? —preguntó Manuel.

—Sí, un poco —dijo Poca Luz.

Manuel vio que Poca Luz llevaba unas gafas diferentes. Eran muy grandes.

—¿Y de quién son esas gafas que lleva ahora? —preguntó Manuel.

—Son de un tío, las encontré en mi casa —respondió Poca Luz.

Los niños llegaron a la escuela. En la pared había unas letras pintadas. Eran unas letras nuevas, grandes y negras. Un grupo de niños las miraban.

—¿Qué dice ahí? —preguntó Poca Luz.

Las letras decían: GUERRILLERO, LA ROPA DE MILITAR O LA MUERTE.

Carmen salió al patio con potes y pinturas.

—Vamos a pintar toda la pared de color blanco —dijo la profesora—. Y luego vamos a pintar las montañas y las casas de la aldea, y los cielos, y los animales. Vamos a usar muchos colores. La escuela es de los niños y de nadie más.

Carmen repartió los potes y los utensilios. Luego, comenzó a pintar la pared de blanco.

—¡Señora! —dijo Luisa, la señora que limpiaba la escuela, desde el patio—. ¿Es buena idea hacer eso? Puede ser peligroso.

Carmen se giró hacia los niños.

—No hay que tener miedo —dijo—. Niños, esta escuela es suya. ¡Vamos a pintar!

Los niños comenzaron a pintar. Pintaron durante horas. Pintaron las montañas y las casas de la aldea. Era un mural muy bonito y los niños estaban contentos con su trabajo.

—¡Excelente, niños! ¡Han pintado muy bien! —dijo Carmen.

Al cabo de un rato, Carmen y los niños estaban en la clase. Aprendían Geografía. Todos los niños estaban sentados en sus mesas. Había muy pocos niños. Muchos se habían ido de la aldea.

Entró un hombre. La profesora fue a hablar con él. Era el papá de Julián.

Luego, Carmen se giró hacia la clase.

—Julián, tome sus cosas y venga aquí —dijo Carmen.

Julián miró a Manuel. Los niños estaban tristes. El niño tomó sus cosas y las puso en su mochila. Luego caminó hacia su papá. Julián se giró y miró a Manuel de nuevo.

Luego siguió a su papá hacia fuera de la escuela.

Carmen se sentó en su mesa y tomó la lista de nombres de niños. Puso una línea sobre el nombre de Julián. Ahora la lista estaba llena de nombres con líneas.

Julián y su papá se fueron a caballo hacia su casa. Pero en el camino había un grupo de hombres con armas. Viajaban en camionetas.

—¡Vengan aquí! —gritaron.

El papá de Julián tomó a su hijo y lo bajó del caballo.

—¡Corra hacia la casa, Julián! ¡Corra! —gritó.

Julián corrió y corrió. Tenía miedo.

Los hombres agarraron al papá de Julián y se lo llevaron en las camionetas.

Julián llegó a su casa. Los hombres habían pintado letras en las paredes. Eran grandes y negras. Julián las leyó: GUERRILLEROS, MUERTE. Luego entró en la casa. Había platos rotos en el suelo.

—¡Mamá! ¡Mamá! —gritó. Pero no vio a nadie.

Horas más tarde, Manuel fue a la casa de Julián.

Estaba todo sucio y había muchas cosas rotas en el suelo.

—¡Julián! —dijo—. ¿Dónde está?

Pero en la casa ya no había nadie. Todos se habían ido.

Manuel se fue de la casa, hacia la montaña. Estaba muy triste.

* * *

Ernesto entró en su casa rápidamente. Miriam estaba allí, con el bebé entre los brazos.

—¡Tome algunas cosas y prepare las mochilas! —gritó Ernesto.

—¿Qué pasó? ¿Qué pasó? —preguntó la mujer.

—Ahorita le cuento. ¡Nos vamos de la aldea! —dijo él.

* * *

Mientras, la profesora también estaba metiendo sus cosas en las mochilas. Estaba muy triste. No quería irse de la aldea. No quería abandonar a los niños o la escuela. Pero debía irse. La aldea era ahora un lugar muy peligroso. Además, ya casi no había niños.

—¡Adiós! —dijeron los niños. Ahora solo quedaban siete. Ellos también estaban tristes. No querían decir adiós a la profesora.

—¡Adiós, niños! —dijo Carmen.

Carmen se fue por el camino, con las mochilas a la espalda.

Poca Luz se giró hacia Manuel y dijo: —Manuel, nosotros también nos vamos.

—¿Ustedes también se van? Pero… ¿y el balón? —dijo Manuel.

—Mis papás nos esperan —dijo Poca Luz.

Los niños se abrazaron. Estaban muy tristes.

Capítulo 9: Es el fin

Ernesto estaba trabajando en el campo, enfrente de su casa. Su mujer también estaba fuera de la casa. Ponía la ropa limpia en una cuerda.

Unos hombres con armas llegaron a la casa. Ernesto los vio y corrió hacia la casa. Miriam también los vio. Ella se quedó en la entrada. No sabía qué hacer. Ernesto entró en la casa y se escondió en la ducha.

—¡Está en la casa! ¡Está en la casa! —dijo uno de los hombres.

Mientras, Manuel corría por el camino. Todavía estaba triste porque sus amigos Julián y, ahora, Poca Luz ya no estaban.

De repente vio unos helicópteros. Estaban sobre la aldea. «¿Qué pasa?», pensó.

Manuel tenía miedo.

Corrió hacia su casa. Corrió muy rápido. Pero cuando llegó vio que los hombres habían estado allí: el suelo estaba sucio y había cosas rotas.

—¿Ma? —dijo.

Miriam estaba en el dormitorio, escondida. Estaba llorando.

—¿Y mi papá? —preguntó Manuel.

—Él ya viene —dijo la mamá.

Manuel estaba triste. Muy triste. Caminó hacia el baño. La puerta estaba abierta. En el suelo encontró el sombrero de su papá.

* * *

Unas horas más tarde, la mamá de Manuel estaba metiendo cosas en unas mochilas.

—Manuel, meta sus cosas en una mochila. Nos vamos —dijo.

—¿Y mi papá? —preguntó Manuel.

—¿No me oyó? —dijo la mamá.

Manuel comenzó a meter sus cosas en la mochila. Vio los guantes de fútbol que le habían regalado sus papás el día de su cumpleaños. «¿Y el balón?», pensó.

Manuel salió de la casa sin hacer ruido. Su mamá no debía verlo. Comenzó a correr.

Corrió por la montaña y llegó hasta el campo de fútbol. Luego, bajó por el valle hasta donde estaba el balón. Caminó lentamente, con mucho cuidado. No quería caminar sobre una mina. Una vez cerca, se acercó al balón y estiró los brazos. Estaba muy nervioso. Con cuidado, lo tomó entre las manos. Después, caminó lentamente. Miraba las piedras, miraba cada cosa en el terreno. Tenía

miedo, pero el árbol estaba muy cerca. Cuando llegó hasta él, corrió muy rápido hasta su casa.

La vida en la aldea ahora era muy triste. Pero, al menos, había rescatado el balón.

Su mamá lo esperaba fuera de la casa. Las mochilas y las bolsas estaban en el suelo. La mujer tenía el bebé entre los brazos. Miraba la casa. Ahora estaba completamente vacía.

—Ma, vamos… —dijo Manuel.

Miriam estaba muy triste y lloraba.

Los tres fueron hasta el camino. Al cabo de un rato llegó una camioneta. Manuel, su mamá y su hermano se subieron a ella. Manuel llevaba una mochila y el balón de fútbol. Había tres personas más: una familia con una niña de la edad de Manuel. Los dos niños se miraron, pero no se dijeron nada. Todos tenían bolsas y mochilas. Todos se subieron a la camioneta.

La camioneta se fue por el camino. Pasó por varias casas de la aldea. En las paredes de las casas había letras grandes y negras. Ya nadie vivía en ellas. Todas estaban abandonadas.

Manuel las observó. Luego tomó el balón con las manos y lo abrazó.

COLOMBIA: ¡Un país sensacional!

Los colores de la montaña es una película colombiana. Está filmada en las montaña de Antioquia, una región del noroeste de Colombia. Cuenta una historia sobre un conflicto armado en la época actual. Pero, ¿cómo es este país en realidad?

DATOS BÁSICOS

- Colombia es una república. Tiene fronteras con Venezuela, Nicaragua, Brasil, Perú, Ecuador y Panamá.
- Tiene más de 47 millones de habitantes.
- El idioma oficial es el español, pero en las Islas de San Andrés y Providencia el idioma oficial es el inglés.

LA HISTORIA

Arte precolombino
En Colombia es importante el arte precolombino, con muestras textiles, de utensilios, esculturas, arquitectura, cerámica y pintura de antes de la llegada de los españoles, en 1502.

La batalla de Bocayá
En 1819, en esta batalla contra los españoles, liderada por el venezolano Simón Bolívar, se consiguió la independencia de la Nueva Granada, antiguo nombre de Colombia.

LAS CIUDADES

La capital es Bogotá. Allí viven más de siete millones de personas. Es una ciudad cosmopolita y muy culta: tiene tantos museos, bibliotecas y teatros que la llaman 'la Atenas Suramericana'. Otras ciudades importantes son Medellín, Cali, Barranquilla y Cartagena de Indias.

LA CULTURA

El carnaval de Barranquilla

Barranquilla es una ciudad del caribe colombiano. Es famosa por su carnaval, uno de los más populares del mundo. Es la celebración cultural más importante del país.

LA ECONOMÍA

Los productos más importantes de Colombia son el petróleo, el café, el oro, las flores y los plátanos.

El café de Colombia

Colombia es el tercer productor de café del mundo. Los españoles llevaron el café a este país en el siglo XVIII. Hoy en día, el grano de café que se usa en las cafeterías más importantes del mundo viene de Colombia.

¿Qué aspecto de Colombia te ha interesado más? ¿Por qué?

¿Qué significan estas palabras? Puedes usar el diccionario: la muestra · la llegada · conseguir antiguo · culto · el grano · el oro

Capítulos 1 y 2

Antes de leer

Usa el diccionario para esta sección.

1 Completa las frases con estas palabras.

aldea · montaña · valle · río · camino · piedra

a) Una elevación del terreno es una..

b) Una corriente de agua en la montaña es un.......................

c) Un espacio de tierras llanas entre montañas es un.............

d) Una vía en el campo es un...

e) Un mineral duro es una...

f) Un conjunto de casas en una montaña es una....................

2 ¿Cuál es cuál?

vaca · cabra · cerdo

a) Una .... da mucha leche y dice «mu».

b) El .... hace un ruido con la boca que se llama gruñido.

c) Cuando la .... quiere algo, hace un ruido que se llama balido.

3 Lee el apartado 'Gente y lugares' de las páginas 4 y 5.

a) Describe a Poca Luz, ¿cómo es físicamente?

b) ¿Y cómo es Manuel?

c) ¿Qué tres diferencias físicas destacarías entre los dos amigos?

Después de leer

4 Responde a estas preguntas.

a) ¿A qué les gusta jugar a Manuel, Julián y Poca Luz?

b) ¿Por qué Poca Luz dice «voy a morir»?

c) ¿Quién se baja de la camioneta?

d) ¿Cómo se llama la escuela de la aldea?

e) ¿Cómo es la casa donde viven Manuel y su familia?

f) ¿Qué nombre le pone Manuel a la cabra?

g) ¿Por qué se esconden Manuel y su papá?

5 ¿Qué piensas?

a) Al final del capítulo 2, los niños dicen «Vámonos. No podemos estar aquí». ¿Por qué dicen eso?

b) ¿De qué crees que hablan los hombres armados en sus reuniones?

Antes de leer

6 Completa las oraciones con estas palabras.
Usa el diccionario para esta sección.

pateó · portero · porterías

a) El equipo ganó el partido gracias al ....

b) Las .... de ese campo de fútbol están en mal estado.

c) El jugador de fútbol .... el balón con mucha fuerza.

Después de leer

7 Relaciona las dos partes de estas oraciones.

a) Un lugar público donde se vende comida, animales o utensilios es...

i. un bar o cafetería.

b) Un lugar público donde se toman refrescos, café o té es...

ii. un mercado.

iii. un autobús o camioneta pública.

c) Un transporte público donde la gente viaja de un sitio a otro es...

8 Responde a estas preguntas.

a) ¿Qué vende Ernesto en el mercado?

b) ¿Qué toman Ernesto y Manuel en el bar?

c) ¿Qué hacen Ernesto y Manuel en la iglesia?

d) ¿Qué niña ya no va a la escuela?

e) ¿Qué le pasa al cerdo?

f) ¿Qué ha perdido Manuel?

9 Ordena estos hechos.

a) Manuel dice que los niños deben rescatar el balón. ☐

b) Ernesto y Manuel viajan al pueblo. ☐

c) Ernesto le dice a su mujer que ha visto a los hombres armados en el pueblo. ☐

d) Manuel y sus amigos pierden el balón. ☐

e) Ernesto le dice a los niños que no pueden jugar cerca del campo de fútbol. ☐

f) Manuel y Julián hablan de balas y municiones. ☐

g) Manuel celebra su cumpleaños con su familia. ☐

Capítulos 6 y 7

Antes de leer

10 ¿Qué piensas?

a) Los niños no pueden rescatar el balón porque la profesora dice «Váyanse de ahí»? ¿Crees que lo van a intentar de nuevo?

b) Algunas familias se han ido de la aldea. ¿Crees que se van a ir más personas?

c) ¿Qué relación piensas que tendrán Manuel y su profesora?

Después de leer

11 Marca si las frases son verdaderas o falsas.

a) Poca Luz rescata el balón.

b) La profesora está en la escuela.

c) Ernesto va a las reuniones de los hombres armados.

d) Los niños deciden no rescatar el balón.

e) La profesora no vuelve a la aldea.

f) Los niños no quieren ir a la escuela.

g) Los helicópteros que vuelan por encima de la casa tienen un accidente.

12 Responde a estas preguntas.

a) ¿Por qué Julián tiene miedo de su papá?

b) ¿Por que los niños no quieren jugar con la hermana de Poca Luz?

c) Por el camino, aparecen dos hombres en una moto. ¿Por qué Ernesto le dice a su hijo «camine más»?

d) ¿Qué piensa Ernesto que puede pasar si los hombres de la aldea van a las reuniones?

e) ¿Qué utensilios usan lo niños para rescatar el balón?

f) Carmen vuelve a la aldea, ¿dónde estaba?

Antes de leer

13 ¿Qué piensas?

a) Por la noche, Carmen oye unas voces de hombres.
¿Qué crees que hacen?

b) Manuel tiene miedo de los helicópteros. ¿Por qué?

c) Miriam quiere irse de la aldea. ¿Crees que lo harán?

Después de leer

14 Completa con el nombre del personaje correcto.

.... quiere una escuela mejor para los niños de la aldea.

.... quiere rescatar su balón.

.... no quiere participar en las reuniones de los hombres.

.... se va de la escuela con su papá.

15 Ordena estos hechos.

a) Manuel toma el balón y lo abraza. ☐

b) La mamá de Manuel pone sus posesiones en las mochilas. ☐

c) Los hombres armados buscan a Ernesto. ☐

d) Manuel rescata el balón. ☐

e) Poca Luz y Manuel se dicen adiós. ☐

f) Carmen se va de la aldea. ☐

g) Julián llega a su casa, pero no hay nadie. ☐

16 Responde a estas preguntas.

a) ¿Adónde crees que van Miriam y Manuel?

b) ¿Crees que el papá de Manuel aparecerá?

c) ¿Cómo crees que será la nueva vida de Manuel?

Vocabulario nuevo

¿Qué significan estas palabras?

abrazar (v.)

la aldea (sust.)

el arco (sust.)

el arma (sust.)

la bala (sust.)

el balde (sust.)

el barro (sust.)

la camioneta (sust.)

la campana (sust.)

el cobarde (sust.)

la cuerda (sust.)

dirigir (v.)

envidioso (adj.)

extrañar (v.)

el palo (sust.)

patear (v.)

pintar (v.)

rezar (v.)

el valle (sust.)

vencer (v.)